Geklagt ist noch nicht Gewonnen!

Geklagt ist noch nicht Gewonnen!

Eine Entgegnung

auf den Klageentwurf

„Individualrecht oder Verstaatlichung“?

Berlin.
Verlag von J. Guttentag (D. Collin).
1879.

Die Transactionen, welche eine Uebereignung der preußischen Privateisenbahnen an den Staat bewerkstelligen sollen, erfordern in seltenem, vielleicht bisher nicht dagewesenem Maße die Einlassung des Staates auf privatrechtliche Fragen. Bereitet dies den Juristen der Regierung selbst bei Anwendung des höchsten Fleißes und bei zu Gebote stehender eminenter Sachkenntniß unter allen Umständen eine mißliche Position, so wird dieselbe dadurch noch widerwärtiger gemacht, daß es sich bei dem Verstaatlichungswerke zum Theil um eine Rechtssphäre handelt, in welcher die Praxis dem Inhalt der Gesetzgebung weit voraus ist. Das deutsche Actienrecht des Handelsgesetzbuches und der Novelle vom 11. Juni 1870 ist für die heutigen Verhältnisse ein mangelhaftes, in keinem Bezuge mehr ausreichendes System. Es ist freilich auf der Basis practischer Vorgänge durch Wissenschaft und Rechtsprechung in mühevollem geistigen Ringen allmählich mehr geklärt und ergänzt worden. Aber die Theorie kann, so lange sie durch die Gesetzgebung nicht sanctionirt ist, das geschriebene Gesetzeswort nicht ersetzen, und die Rechtsprechung trifft oft nur den einzelnen Fall, ist überdies für den Augenblick durch Aufhebung des Reichsoberhandelsgerichts und Einsetzung des Reichsgerichts in ihrem practischen Werthe einigermaßen erschüttert.

Um so weniger kann es Wunder nehmen, wenn die Praxis, welche geneigt ist, je nach Lage der materiellen Interessen den politischen Kämpfern für und gegen den vorgelegten Gesetzentwurf zu secundiren, sich mit den aus den Verstaatlichungsverträgen zahlreich hervorsprießenden Rechtsfragen eifrig beschäftigt, und, eben jenen Interessen gemäß, das Zustandekommen oder die Verwerfung der vorgelegten Gesetzesentwürfe erstrebend selbst über die Grenze einer objectiven Beurtheilung hinaus Zweifel und Bedenken anregt.

Dem Vaterlandsfreunde wie der Regierung muß es aber erwünscht sein, daß die auftauchenden Rechtsfragen noch vor einer eventuellen Sanctionirung des Gesetzentwurfs möglichst vollständig erörtert werden. Es läge nicht im wohlverstandenen Interesse des Staates, die projectirten Verträge bei obwaltenden ernsthaften Zweifeln gegen ihre Giltigkeit zu Gesetzen erhoben zu sehen. Eine legislatorische Vergewaltigung dergestalt, daß unbestreitbare Privatrechte der Actionaire durch Specialgesetze beseitigt werden, ist gewiß von keiner Seite angestrebt, müßte überdies mit dem von der Unverletzlichkeit des Eigenthums handelnden Verfassungsartikel in Einklang gebracht werden.

Könnten aber die Verträge, weil sie wirklich Privatrechte der Einzelnen verletzten, noch nach ihrer Allerhöchsten Sanctionirung aussichtsvolle processualische Angriffe gewärtigen, so würde daraus auf Jahre eine die größten Interessen schwer bedrückende Rechtsunsicherheit entstehen. Und vor allem dürfte es der Staatsregierung wenig ziemen, Verträge solchen Inhaltes dem Könige zur Unterzeichnung vorzulegen.

Unter solchen Umständen muß man jede verständige Anregung rechtlicher Bedenken und die durch sie provocirte Discussion der aufgeworfenen Fragen aufrichtig willkommen heißen. Dies gilt in vollem Maße von einer in den letzten Tagen publicirten Broschüre, welche in der Form einer Klage unter dem Titel: „Individualrecht oder Verstaatlichung" zwei rechtliche Bedenken in durchaus sachlicher Begründung vorträgt. Ihr Inhalt hat die Runde durch die gesammte Presse gemacht, hat einigermaßen entmuthigend auf die privaten Interessenten, ähnlich wohl auch auf die politischen Freunde der Verstaatlichung gewirkt, ist vielleicht nicht ganz ohne Einfluß auf die Mitglieder des Landtags geblieben, und kann jedenfalls den Gegnern des Projects eine willkommene Handhabe liefern.

Im Hinblick auf die darin entwickelten juristischen Bedenken sollen deshalb die Verstaatlichungsverträge im Folgenden einer kritischen Betrachtung unterworfen werden. Dabei wird, weil es sich vornehmlich um das Verständniß der Laien handelt, von gelehrten juristischen Argumentationen und von der Anhäufung juristischen Quellenmaterials so viel als thunlich abgesehen, des letzteren vielmehr nur in dem Umfange, in welchem der veröffentlichte Klageentwurf dazu nöthigt, Erwähnung gethan.

Wer die in den wesentlichen Punkten gleichlautenden Verstaatlichungsverträge studirt, kann als Laie zunächst von der Complicirtheit ihres Inhaltes einigermaßen befremdet sein. Die Absicht der preußischen Regierung geht zweifellos darauf hinaus, die in das Verstaatlichungswerk gezogenen preußischen Privatbahnen zum Eigenthum zu erwerben. Daß eine Eisenbahngesellschaft ihre Linien verkaufen darf, wird rechtlich von keiner Seite angezweifelt; und wenn als Kaufpreis statt baaren Geldes geldwerthe Papiere, z. B. preußische Consols, gewährt werden sollen, so ist eine Bestimmung dieser Art leicht einzufügen, ohne den Rechtscharakter des Kaufvertrages zu alteriren. Daher scheint es dem Laien von vornherein nicht recht begreiflich, weshalb der Staat nicht diesen einfachen, sondern den viel umständlicheren Weg einer stufenweisen Ueberleitung des

Besitzes, zumal unter Einführung des Zwischenstadiums einer staatlichen Verwaltung, gewählt hat.

Die Gründe liegen indessen nicht fern. Bei Abschluß eines schlichten Kaufes müßte der Kaufpreis sofort in die Hände der Käufer übergehen; dadurch würde herbeigeführt werden, was gerade sorgfältig vermieden werden soll, daß nämlich die große Masse der preußischen Consols auf ein Mal in die Hände der Actionäre gelangte, und von da ihren Weg an die Börse nähme. Je weniger zu erwarten ist, daß alle bisherigen Actionäre ihren Actienbesitz dauernd in preußische Staatsschuldverschreibungen umgesetzt sehen wollen, desto sicherer wäre mit jener Transaction ein schwerer Druck auf den Cours der preußischen Consols und eine mindestens vorübergehende Schädigung des preußischen Staatskredites verbunden.

Ließen sich aber hiergegen vielleicht geeignete Corrective erdenken, so mußte die Rücksicht auf die Rechte der Prioritätsgläubiger viel schwerer und geradezu entscheidend gegen die Abschlüsse von puren Kaufverträgen in's Gewicht fallen. Der Verkauf der Bahn muß in jedem einzelnen Falle die sofortige Auflösung der Gesellschaft nach sich ziehen; denn nur auf diesem Wege kann man den Actionären die Vortheile zugängig machen, um derentwillen sie sich auf die Veräußerung einlassen. Es entstand daher die Frage, wie in solchem Falle gegenüber den Prioritätsgläubigern zu verfahren wäre. Eine Actiengesellschaft, welche in Liquidation getreten ist, darf ihre Vermögensmasse an die Actionäre nicht vertheilen, ehe sie nicht die Gläubiger befriedigt hat. Die Prioritätsgläubiger der Eisenbahnen haben aber Forderungen, welche nur nach und nach, und im Ganzen erst nach Verlauf von Jahrzehnten rückzahlbar werden. Eine Aenderung des Fälligkeitstermins wird durch den Auflösungsbeschluß nicht herbeigeführt; die Prioritätsgläubiger würden daher gegen eine Ausschüttung der Vermögensmasse an die Actionäre durch Anrufung der ordentlichen Gerichte mit Aussicht auf Erfolg einschreiten können. So glaubte man wenigstens argumentiren zu müssen. Das Erbieten des Staates, die fraglichen Verbindlichkeiten selbstschuldnerisch zu übernehmen, kann den Prioritätsgläubigern nicht als Ersatz für die Entziehung der im Gesellschaftsvermögen befindlichen Activa aufgezwungen werden; und selbst der Umstand, daß nach Anleitung der Coursberichte die Prioritätsobligationen unter preußischer Staatsgarantie qua preußische Staatsschulden einen höheren als den bisherigen Marktpreis erlangen würden, ist gegenüber den Satzungen des civilen Rechts ohne Wirkung. Ein Vorrecht irgendwelcher Art steht hierbei dem Staate nicht zur Seite. Insbesondere ist ein solches nicht in jener, neuerdings wiederholt citirten Bestimmung des § 42 des preußischen Eisenbahngesetzes vom 3. November 1838 zu finden, Inhalts deren der Staat, wenn er eine Privateisenbahn kauft, ihre Schulden einfach zu übernehmen hat. Denn jene Bestimmung bezieht sich nur auf den Specialfall der Uebernahme der Bahn seitens des Staates nach den dort vorgeschriebenen Grundsätzen, zu denen in erster Reihe gehört, daß die Abtretung nicht vor Verlauf von 30 Jahren von dem Zeitpunkte der Transporteröffnung gefordert werden kann, und daß der im Gesetz vorgeschriebene eminent hohe Kaufpreis gezahlt werden muß.

Erst in jungster Zeit ist dieser Sachlage von entscheidender Seite eine wesentlich neue Interpretation widerfahren, nämlich durch ein Erkenntniß des Reichsoberhandelsgerichtes, welches in dem soeben erschienenen 24. Bande der Entscheidungen (S. 242 ff.) abgedruckt ist. Dieses Urtel befaßt sich unter Anderem mit der Frage, welche Voraussetzungen vorliegen müssen, um die Ausschüttung der Liquidationsmasse einer Actiengesellschaft gegenüber den Gläubigern zulässig zu machen. Unter Hinweis auf Art. 245 des Handelsgesetzbuches wird hervorvorgehoben, daß eine Ausschüttung selbst bei noch schwebenden Verbindlichkeiten erfolgen könne, sofern der Betrag der Forderungen gerichtlich niedergelegt oder den Gläubigern angemessene Sicherheit bestellt werde, und daß die Beurtheilung der Sufficienz der Sicherstellung richterlichem Ermessen anheimstehe. Durch diesen hochwichtigen Spruch wird dem Verstaatlichungswerke geradezu ein neuer Weg eröffnet; denn eine selbstschuldnerische Bürgschaft des preußischen Staates würde vom Proceßrichter zweifellos als ausreichende Sicherheit erklärt werden. Unter dem Schutze dieses Hilfsmittels wäre also jede Eisenbahngesellschaft in der Lage, die Vertheilung ihres Vermögens vor Tilgung der Prioritätsschulden zu unternehmen. Hätten die Regierungsorgane zur Zeit, als die jetzt vorliegenden Verstaatlichungsverträge vereinbart wurden, diesen Ausweg bereits gekannt, so würden die Verträge vielleicht einen anderen, einfacheren Charakter erhalten haben; und die Möglichkeit scheint nicht ausgeschlossen, daß man bei künftigen Abmachungen sich den neuen Ausweg zu Nutze machen wird. Die Verträge könnten dann etwa dahin lauten:

a) Der Staat kauft die Eisenbahnlinie und das gesammte sonstige Vermögen der Gesellschaft für einen bestimmten Preis.

b) Er verpflichtet sich, auf Verlangen der Gesellschaft diesen Preis in preußischen Consols zu zahlen.

c) Die Gesellschaft tritt sofort in Liquidation, und nimmt nach Ablauf des Sperrjahres die Ausschüttung ihrer Masse, d. h. die Vertheilung des Kaufpreises vor, während innerhalb des gedachten Jahres die sonstigen

Schulden vom Staate baar berichtigt, und hinsichtlich der Prioritätsobligationen selbstschuldnerische Bürgschaft Seitens desselben geleistet wird.

d) Der Staat übernimmt bereits für die Dauer des Sperrjahres die Verwaltung der Eisenbahngesellschaft und zahlt den Actionären einen dem ermittelten Reingewinn gleichkommenden Betrag statt der Dividende. —

Durch einen Contract solchen Inhalts würde freilich das angestrebte Ziel bequemer erreicht werden. Aber auch der umständlichere Modus, welcher unter dem Druck der Verhältnisse gewählt wurde, ist vollkommen correct; die Verstaatlichungsverträge erweisen sich bei genauer Betrachtung auch so, wie sie jetzt vorliegen, als rechtlich durchaus unanfechtbar. Ihr juristischer Rohbau läßt sich in folgende Sätze zusammenfassen:

Der Staat bedingt sich das Recht aus, die Actiengesellschaft für ewige Zeiten in seine Verwaltung zu nehmen. Zur Einräumung dieses Rechts läßt sich die Gesellschaft dadurch bestimmen, daß jedem ihrer Actionaire die Befugniß eingeräumt wird, jede Actie in eine gewisse Anzahl preußischer Consols eintauschen zu können. Wer diesen Umtausch nicht vornehmen, sondern Actionair der Gesellschaft bleiben will, ist hierzu durchaus berechtigt. Die Verwaltung des Staates geschieht zwar formell für Rechnung der Gesellschaft, aber der Staat übernimmt alle Verluste, und gewährt an Stelle des von Jahr zu Jahr aufkommenden Reingewinns der Gesellschaft einen fixirten Gewinn, der in dem Vertrage selbst nach Procenten des Nominalwerthes der einzelnen Actie festgesetzt ist. (Diese Art der Fixirung ist nur der größeren Bequemlichkeit und Uebersichtlichkeit wegen gewählt; denn Empfänger der Reingewinnsquoten wird nicht der einzelne Actionair, sondern zunächst die Gesellschaft selbst.) Zuletzt übernimmt die Eisenbahngesellschaft als

Gegenleistung für die ihr versprochenen Vortheile noch die Verpflichtung, dem Staate, wenn er es künftig fordern sollte, ihre Linie sammt allem dazu gehörigen Inventar gegen Uebernahme der sämmtlichen Schulden, insbesondere auch der Prioritätsschulden, und gegen einen vorgeschriebenen Preis verkäuflich zu überlassen. Tritt dieser Fall ein, so erhalten dann alle Actionaire ihre Percipienda aus der Kaufsumme; zu ihnen gehört im Umfange der bereits gegen Consols eingetauschten Actien natürlich auch der Staat selbst.

Daß nun eine Actiengesellschaft befugt ist, ihren Betrieb resp. die ganze Vermögensverwaltung vertragsmäßig dem Staate zu überlassen, so daß fortan dieser an Stelle der Generalversammlung resp. des Verwaltungsrathes den Vorstand der Gesellschaft einsetzt, ist eine in ihrer Rechtsbeständigkeit noch nie angezweifelte Transaction. Sie ist speciell in Preußen wiederholt vorgenommen worden; eine ganze Reihe der größten preußischen Privateisenbahngesellschaften befinden sich seit Jahrzehnten unter dieser Art von Verwaltung. Ob die Eisenbahngesellschaft in dem ihr gebotenen Aequivalent eines Forderungsrechtes jedes einzelnen Actionairs auf ein bestimmtes Quantum preußischer Consols pro Actie einen ausreichenden Anlaß zur Ueberweisung des Betriebes an den Staat finde, ist eine rein praktische, der juristischen Kritik nicht unterstellte Frage.

Zweifellos kann aber kein Actionair gezwungen werden, den Umtausch seiner Actien in preußische Consols auszuführen; daher darf das Verhältniß der zurückbleibenden Actionaire zur Gesellschaft nicht in einer ihre Privatrechte schädigenden Weise alterirt werden. Hier kommt die zweite der Hauptabmachungen des Vertrages in Betracht, diejenige, gegen welche der Verfasser des Klageentwurfs eines seiner juristischen Bedenken geltend macht. Diejenigen Actienbesitzer nämlich, welche den Umtausch in Consols nicht vornehmen wollen, sollen statt des wechselnden Reingewinns fortan eine feste jährliche Rente erhalten. Der Klageentwurf erblickt in dieser Transaction die Verletzung eines Individualrechts der zurückbleibenden Actionaire.

Ein Wort vorweg! Wenn im Eingange bemerkt wurde, daß ein erheblicher Theil des Actienrechts mehr als wünschenswerth der Interpretation unterstellt sei, so gilt dies von keinem Kapitel in höherem Maße, als von den Individualrechten. Daher giebt es auch, sobald Actionair-Interessen in's Spiel kommen, kein dankbareres Hilfsmittel, als den Streit auf dieses Gebiet hinüber zu spielen. „Der Generalversammlungsbeschluß verletzt ein Individualrecht!" — das ist immer das Kriegsgeschrei, sobald man unbequeme Beschlüsse anfechten will. Läßt sich das schwer beweisen, so läßt es sich auch nicht leicht widerlegen. Das Handelsgesetzbuch und die Novelle reden von Individualrechten nicht mit einem Worte, man muß sie lediglich aus dem Wesen des Actiengesellschafts-Vertrages herleiten, begründen und abgrenzen. Die Wissenschaft hat sich noch wenig mit ihnen beschäftigt; und insoweit sie es wirklich gethan hat, kann man sich auf ihre Ausführungen niemals mit der Sicherheit berufen, die in einem acuten Falle, wie dem vorliegenden, von Nöthen ist. Eine einzige Hilfe giebt es, sie beruht in den Entscheidungen des Reichsoberhandelsgerichts. In dankenswerther Weise hat dieser Gerichtshof durch eine Reihe von Erkenntnissen das Wesen der Individualrechte, überhaupt der Sonderrechte, d. h. jener Rechte, hinsichtlich deren ein Generalversammlungsbeschluß den Willen des einzelnen Actionairs nicht zu beeinträchtigen vermag, zu klären versucht. Und es ist insbesondere das Erkenntniß vom 6. April 1877 (Entsch. Bd. XXII. S. 19 ff.), dessen Führerschaft auf diesem noch ein wenig unwegsamen Gebiete man sich getrost anvertrauen darf. An der Hand dieses scharfsinnigen Urtels lassen sich folgende Unterscheidungen machen:

In dem Wesen der Actiengesellschaft ist eine Doppelstellung des Actionairs begründet. Er ist kraft seines Actienbesitzes berufenes Mitglied der Generalversammlung, also ein Glied eines Gesellschaftsorgans. In dieser Eigenschaft nimmt er selbst an der Verwaltung Theil, ist also unter gewissen formellen Voraussetzungen Mitrepräsentant der Gesellschaft. Diese Mitgliedschaft kann er aber nur im Rahmen der Generalversammlung ausüben, ist mithin den Beschlüssen unterworfen, welche die letztere per majora faßt.

Andererseits ist aber der Actionair auch Contrahent gegenüber der Gesellschaft; er hat als solcher gewisse privatrechtliche Ansprüche, die ihm erfüllt werden müssen, deren Nichterfüllung weder die Generalversammlung noch ein anderes Verwaltungsorgan beliebig verfügen kann. Er steht in dieser Beziehung der Gesellschaft als ein Dritter, Fremder gegenüber. Und diese aus dem ursprünglichen Zeichnungsvertrage zu Gunsten des Actionärs folgenden Rechte sind die Individualrechte. Als Mitglied der Generalversammlung nimmt er Theil an der Verwaltung, welche die Aufgabe hat, die größtmöglichen Vortheile aus dem Geschäftsbetriebe zu erzielen. Als Träger des Individualrechts hat er dagegen einen freien Anspruch auf Auslieferung der gewonnenen Vortheile pro rata seines Actienbesitzes. An diesem Gegensatz erkennt man deutlich die Grenzlinie zwischen beiden Arten von Befugnissen. Es handelt sich gemäß demselben darum: ist der vor dem Klageentwurf angefochtene Rechtsact ein Verwaltungsact oder nicht, d. h. dient er der Erzielung von Erträgnissen, oder disponirt er über die Pflicht zur Auslieferung gewonnener Erträgnisse an die einzelnen Actienbesitzer? Im ersteren Falle wäre er der Generalversammlung unterstellt; im anderen müßte der Beschluß, wenn gegen den Willen jedes Einzelnen gefaßt, als eine Vergewaltigung der Widersprechenden gelten.

Es fragt sich daher ferner, was mit der Vereinbarung einer x procentigen festen Rente für die verbleibenden Actionaire bezweckt sei, und welchen Rechtscharakter diese Vereinbarung an sich trage. Trifft sie eine Anordnung zur Schmälerung der Dividende, bezweckt sie, daß statt der größeren eine geringere vertheilt werde, will sie dem Actionär sein Anrecht auf die künftigen Erträgnisse vorenthalten oder verkürzen? Nichts von alle dem! Sie will die Erträgnisse steigern, oder wenigstens sichern. Die angefochtene Abmachung kennzeichnet sich als eine aus kaufmännischer Ueberlegung hervorgehende Disposition; sie erstrebt statt eines von Jahr zu Jahr zu erhoffenden guten Resultates ein sicheres gutes, sie ist also ein reiner Verwaltungsact. Jede Actiengesellschaft muß auf möglichst große und dauernde Erträgnisse hinarbeiten. Dabei kann sie zu den verschiedenartigsten Hilfsmitteln greifen, und sie ist ihren Actionären schuldig, das kaufmännisch Klügste zu thun; denn sie ist ein Kaufmann, und hat daher wie ein Kaufmann zu handeln. Bringt ihr der eigene Betrieb mehr, so muß sie diesen vorziehen; glaubt sie durch Ueberlassung des Betriebes an Dritte besser zu fahren, so ist sie berufen, diesen Weg einzuschlagen. Keineswegs ist die Actiengesellschaft etwa in ihrer kaufmännischen Dispositionsbefugniß beschränkter als der private Geschäftsmann. Es gehört durchaus nicht zu ihrem Wesen, daß sie selbst exploitiren muß, sobald sich ihr Unternehmen vorübergehend oder dauernd besser durch Andere exploitiren läßt. Warum sollte ein im Besitz einer Actiengesellschaft befindliches Kohlenbergwerk, welches die geförderte Kohle im Kampfe mit der großen Konkurrenz an den Markt bringt, nicht unter Umständen klüger handeln, wenn es das zu fördernde Material für einen im Voraus fest vereinbarten Gesammtpreis an ein benachbartes Hüttenwerk dauernd überließe, und diesem, weil solches vortheilhafter, auch noch den Betrieb selbst übermachte? Kein Zweifel, daß eine Eisenbahngesellschaft einen Theil ihrer Strecke einer andern Gesellschaft verpachten kann, z. B. um eine widerwärtige Konkurrenz zu beiderseitigem Vortheil aufzuheben. Und was vom Theile gilt, ist auch mit dem Ganzen erlaubt, schon, weil es an jedem rechtlichen Anhalt für die Festsetzung der Grenzlinie fehlt. Erst ganz neuerdings hat daher eine in Berlin domizilirende Pferdeeisenbahngesellschaft ihre sämmtlichen Linien dauernd verpachtet, ohne daß es irgendwem eingefallen wäre, an der Rechtsgiltigkeit dieser Transaction zu zweifeln; sie ist vielmehr dem Wesen der Actiengesellschaft durchaus entsprechend. Diese soll auf rechtmäßige Weise die höchsten Vortheile erstreben; sie soll ihren Besitz ausbeuten, so gut es irgend angeht. Vermag sie das in Folge geschäftlicher Constellationen am allerbesten durch Ueberlassung des Betriebes an Dritte, so kann sie auch diesen Weg wählen. Und erscheint es noch *klüger*, die von der Zukunft erhofften Erträgnisse zum Schutz gegen alle Eventualitäten *im Voraus* für einen bestimmten Preis zu verkaufen, so ist auch dies unbedingt zulässig. *So weit das berechtigte Handeln des geschäftskundigen Kaufmanns geht, so weit geht auch die Handlungsbefugniß der Actiengesellschaft.*

Gemeinhin wird gesagt, die Verstaatlichungsverträge seien ihrem Rechtscharakter nach Pachtverträge. Es kommt gar nicht darauf an, ob diese Auffassung richtig sei; sie ist es vielleicht nicht. Denn die Betriebsüberlassung und das Versprechen der festen Rente hängen, nach dem Wortlaut zu urtheilen, nicht organisch zusammen. Der Betrieb wird für die Gesellschaft geführt; die ungewissen Erträgnisse der Zukunft aber, welche für die Gesellschaft erzielt werden, verkauft diese im Voraus an den Staat. Es fehlt zum Pachtverhältniß die ausdrückliche Einräumung des Nutzungsrechtes, welches auch mit der Abmachung, daß der Staat nur den Vorstand der Gesellschaft einsetzt, gradezu als unvereinbar erscheint. Ueberdies fällt in's Gewicht, daß die Remissionsfälle nicht ausgeschlossen sind, was bei der Vorsicht der Gesellschaftsorgane gegenüber der Eventualität einer kriegerischen Invasion gewiß vereinbart worden wäre, wenn man an einen Pachtvertrag gedacht hätte. Endlich ist die Ueberweisung der Erträgnisse an den Staat im § 2 näher dahin gekennzeichnet, „daß erst der gesammte verbleibende Reinertrag nach Abzug der Verwaltungs- und Betriebskosten, sowie der zur planmäßigen Verzinsung und Tilgung der Anleihen erforderlichen Beträge dem Staate ausschließlich zufließe." Das Abkommen erscheint daher als ein im Voraus geschehender Verkauf der künftigen Reinerträge gegen eine feste Summe von x Procent des Nominalactienkapitals, mithin als dasjenige, was die Jurisprudenz ein „gewagtes Geschäft", speciell was sie eine emtio rei speratae nennt. Sonach ist die angefochtene Abmachung ein reiner Verwaltungsact; ob ein kluger, mögen die Actionäre, ehe sie zustimmten, ermessen haben, mögen auch für ihren Standpunkt neben den Regierungsorganen die Mitglieder des Landtags ermessen. Wer den kürzeren zieht, wird die Folge lehren; jedenfalls gehen die Verwaltungsorgane der Gesellschaft ihrerseits von der Ueberzeugung aus, daß die verbleibenden Actionäre sich in Summa mit Hilfe dieser Vereinbarung eine bessere, mindestens eine stabilere Dividende schaffen, als durch Fortsetzung des Betriebes auf eigenes Risiko. Sonach ist von der Verletzung eines Individualrechtes gar keine Rede.

Dem Laien imponirt es nun immer ein wenig, wenn eine

juristische Ausführung mit zahlreichen Citaten aus Entscheidungen höchster Gerichtshöfe, und aus gelehrten Schriften verbrämt ist. Der vorliegende Klageentwurf trägt dieser Schwäche juristisch nicht gebildeter Interessenten gebührende Rechnung; es wird zur Begründung der Behauptung, daß Individualrechte verletzt seien, eine ganze Reihe von Schriftstellern angeführt. Man nehme sich aber nur die Mühe, die citirten Stellen zu lesen. Langenn und Kori haben die in Bezug genommene Abhandlung im Jahre 1830 publizirt, also zu einer Zeit, wo von Actienrecht im heutigen Sinne noch gar nicht die Rede war. Der fragliche Aufsatz ist daher, so verdienstvoll er zur Zeit war, für heute ohne praktisches Interesse. Aehnliches gilt von Jolly, dessen Abhandlung über das Actienrecht zwar noch nicht so alt, wie die eben erwähnte, aber doch 15 Jahre vor dem Inkrafttreten des Handelsgesetzbuches erschienen ist. Auch Stobbe läßt sich auf die Individualrechte nicht in so specieller Weise ein, daß man irgend etwas für oder gegen die vorliegende Frage aus seinen knappen Ausführungen folgern könnte. v. Hahn erwähnt die Individualrechte erst in der neuesten Ausgabe seines Commentars, und beschränkt sich auf Wiedergabe einzelner Stellen aus Entscheidungen des höchsten Gerichtshofes. Was aber diesen letzteren betrifft, so ist die oben angeführte Entscheidung aus dem zweiundzwanzigsten Bande neuer und auch viel präciser als jene, welche der Klageentwurf dem vierzehnten und dem neunzehnten Bande entnimmt, sodaß diese gegenüber jener gar nicht mehr recht in Betracht kommen. Renaud und Thoel endlich bieten in ihren dürftigen und unvollständigen Bemerkungen über die Sonderrechte gewiß nicht den geringsten Anhalt zu Gunsten der von dem Klageentwurf vertretenen Ausführung. Aus allen gelehrten Citaten desselben zusammengenommen kann man höchstens die vom Reichsoberhandelsgericht selbst wiederholt ausgesprochene Ansicht entnehmen, daß dem einzelnen Actionär auf den ermittelten und festgestellten Reingewinn ein individualrechtlicher Anspruch zusteht. Das wird denn auch in der That von Niemandem mehr in Abrede gestellt. Aber nicht darum handelt es sich hier, sondern um die Vorfrage, ob die Verwaltungsorgane der Actiengesellschaft ihre Befugnisse überschreiten, wenn sie die von der Zukunft erhofften Erträgnisse gegen ein sicheres Aequivalent verkaufen, um dieses den Actionären fortan als Reingewinn darzubieten. Eine Antwort auf diese Frage wird man in jenen Schriften vergebens suchen; nur aus dem oben citirten Erkenntnisse des Reichsoberhandelsgerichts ist sie, wie soeben dargelegt, zu entnehmen. — —

Nächst den bisher besprochenen Vereinbarungen ist nun, wie schon gesagt, in den Verstaatlichungsverträgen dem preußischen Staat noch das Recht vorbehalten, die Eisenbahnlinien zu einem ziffermäßig bestimmten Preise zu erwerben, sofern der Staat dies in Zukunft ein Mal wollen sollte. Diese Transaction ist Gegenstand des zweiten Angriffspunktes. Der Klageentwurf bezeichnet sie als rechtsungiltig, weil die Bedingung, unter die sie gestellt sei, von der ganz unbestimmten Willkür des Einen der Erklärenden abhänge.

In der That lehrt schon das römische Recht, daß, wenn der Eintritt einer Bedingung, unter die eine Willenserklärung gestellt ist, von der puren Willkür des Verpflichteten abhängt, das betreffende Rechtsgeschäft wirkungslos ist. Gegen die innere Begründetheit dieses Rechtssatzes sind zwar noch ganz neuerdings sehr gewichtige Bedenken geltend gemacht worden (vgl. Dernburg, Preußisches Privatrecht, 2. Aufl. Band I S. 183); dies hilft indeß nichts gegen die Thatsache, daß der römische Lehrsatz auch in die modernen Rechtsbücher, insbesondere in das preußische Landrecht übergegangen ist.*) Erklärt also Jemand, er verpflichte sich, künftig einem Andern ein Darlehn zu geben, wenn er zur Zeit noch die gleiche Absicht haben sollte, so liegt ein verbindliches Abkommen nicht vor. Ebenso wenig gilt es als Vertrag, wenn der A dem B sein Haus zu einem festgesetzten Preise zu verkaufen verspricht unter der Bedingung, daß er an dem für den Verkauf projectirten Tage noch den nämlichen Willen haben sollte. Auch eine Vereinbarung dahin, daß der Verkauf als abgeschlossen gelte, wenn der Käufer zur Zeit der Vollziehung noch bereit sein sollte, ist gänzlich ohne rechtliche Wirkung.

Es fragt sich aber, ob das hier vorliegende Abkommen als unter einer solchen conditio «si velit» geschlossen zu gelten habe. Ist der Verfasser des Klageentwurfs dieser Meinung, so sollte es nicht Wunder nehmen, wenn wenigstens Diejenigen, an deren Adresse derselbe vornehmlich gerichtet erscheint, nämlich die Eisenbahnactionaire, insbesondere die Börsenmänner, jener Ansicht ein gewisses Mißtrauen entgegenbrächten. Denn diese Börsenmänner sind Tag für Tag in der Lage, Verträge ähnlicher Art zu Dutzenden abzuschließen, während ihnen noch nie der Einwand der Rechtsungiltigkeit entgegengestellt worden ist. Wäre nicht — die Richtigkeit der klägerischen Auffassung ein Mal vorausgesetzt — jedes Prämiengeschäft ein ungültiger Vertrag? A zahlt dem B 2 pCt. vom Nominalbetrage eines bestimmten Speculationspapiers gegen die Befugniß, am ultimo 500 Stück dieses Papiers zu einem bestimmten Course von ihm kaufen zu dürfen — falls er es wollen sollte. Wäre nicht

*) Der Code civil beschränkt in Art. 1174 die rechtliche Unwirksamkeit auf den Fall, daß die Bedingung in der Willkür des Verpflichteten liegt. Wenn der Klageentwurf bemerkt, daß das französische Gesetzbuch noch weiter gehe als das preußische Landrecht, so findet dies in den citirten Worten des Art. 1174 (de la part de celui qui s'oblige) eine direkte Widerlegung.

auch jedes Stellgeschäft ungültig? Bei diesem zahlt A dem B 2 pCt. unter der Abrede, daß er am ultimo des Monats 100 Stück des betreffenden Papiers zu einem bestimmten Course von ihm kaufen, oder 100 Stück an ihn zu einem bestimmten Course verkaufen dürfe — falls er das Eine oder das Andere wollen sollte. Daß das Stellgeld im Course berechnet wird, ändert selbstverständlich nichts an dem Rechtscharakter der Vereinbarung. Und nicht blos die Prämiengeschäfte der Börse wären der Ungiltigkeit verfallen. Alle jene Forderungsrechte, die so häufig im Bereiche von Finanzgeschäften ausbedungen werden, und welche die modernste Sprache der Finanzleute „Optionen" nennt, wären im Sinne des Klageentwurfs unter einer Bedingung «si velit» vereinbart. Eine Eisenbahngesellschaft hat z. B. zehn Millionen Mark neue Prioritäten zu verkaufen. Das Consortium, mit dem sie unterhandelt, wagt es nicht, alle zehn Millionen fest zu übernehmen; aber es übernimmt deren drei, und bedingt sich vor, die übrigen sieben zu dem gleichen oder einem andern Course nachfordern zu können. Es erwirbt ein Kaufrecht, dessen Realisirung lediglich von seiner künftigen Willkür abhängt. Eine in Berlin domicilirende Eisenbahngesellschaft hat erst vor wenigen Jahren ihre jüngste große Anleihe mit Hilfe einer solchen Vereinbarung begeben. Dieselbe wäre aber im Sinne des Klageentwurfs ebenfalls ein ungültiger Vertrag gewesen. Ja, dem Klageentwurf ist vorzuwerfen, daß er nicht einmal so consequent ist, alle Abmachungen der Verstaatlichungsverträge, welche unter eine vermeintliche conditio si velit gestellt sind, als unwirksam zu bezeichnen; er hätte doch mindestens auch jenes den Actionairen eingeräumte Recht, daß sie ihre Actien, *sofern sie es wollen sollten*, in preußische Consols umtauschen dürfen, als eine aus gleichem Grunde rechtsungiltige Transaction erklären müssen.

In Wahrheit besteht indeß die behauptete Rechtsungiltigkeit gar nicht. Die Bestimmung des § 108 Tit. 4 Th. I des preußischen Landrechts handelt von einer Willenserklärung resp. einem Vertrage, dessen Bestehen von der reinen Willkür eines der beiden Contrahenten resp. des einen Erklärenden abhängt. Hier liegt weder ein solcher Vertrag vor, noch ist das Kaufsrecht des Staates überhaupt unter eine Bedingung gestellt. Jeder dieser Verstaatlichungsverträge ist ein Ganzes; alle Vereinbarungen sind als Glieder des Ganzen aufzufassen. Es wäre durchaus unjuristisch und jedes rechtlichen Anhaltes entbehrend, wenn man die Abrede über das eventuelle Kaufsrecht als einen Separatvertrag behandeln wollte. Es stehen vielmehr alle Leistungen allen Gegenleistungen gegenüber. Die Leistungen des Staates bestehen in der Pflicht zur Verwaltung, in der Pflicht zur Zahlung einer festen Rente unter Deckung der etwaigen Ausfälle, in der Pflicht zur Instandhaltung der Bahn und zur Gewährung der Consols gegen die Actien; die Gegenleistungen der Eisenbahn werden gebildet durch die Pflicht zur Ueberlassung des Betriebs, zur Ueberlassung des alljährlichen Reingewinns, sowie des vorhandenen Reserve- und Erneuerungsfonds, endlich auch in der Einräumung des Kaufsrechtes auf die Bahn. Der Verstaatlichungsvertrag ist mithin ein unbedingter, definitiv geltender Vertrag zwischen der Eisenbahngesellschaft und dem Staate; das Kaufsrecht aber ist ein dem letztern unbedingt gewährter Anspruch. Die Eisenbahngesellschaft räumt dem Staate gegen ein ihr gut scheinendes Aequivalent ein Forderungsrecht auf die Eisenbahn zu einem bestimmten Preise ein; der Staat kann davon Gebrauch machen, sobald er will. Nicht ein unter eine Bedingung gestellter Kaufvertrag ist Gegenstand der Vereinbarung; dieser besteht vielmehr, wie er beim Prämiengeschäft durch den Anspruch auf das betreffende Quantum von Actien oder Banknoten gebildet wird, hier in der Befugniß, die Ueberlassung der Bahn gegen eine bestimmte Summe nachsuchen zu können. Es ist ein großer Unterschied, ob ein Vertrag in seinem Zustandekommen ungewiß bleibt, und diese Ungewißheit erst durch ein zukünftiges Ereigniß gelöst wird — das ist das charakteristische Merkmal der Bedingung —, oder ob er, wie der vorliegende, sofort definitiv zu Stande kommt, nicht aber über eine körperliche Sache, sondern über ein Recht auf eine Sache, ein jus ad rem, disponirt. Nicht die Eisenbahn wird hier unter einer Bedingung erworben, sondern das Recht auf die Eisenbahn wird bedingungslos erworben. Das ist der Inhalt der Abmachung; und dieser Inhalt ist so wenig anfechtbar, daß es ganz überflüssig erscheint, erst noch die Frage zu erörtern, ob, wenn ein definitiver Vertrag, wie der hier vorliegende, eine seiner mehreren Abreden unter eine conditio si velit stellte, dadurch das ganze Abkommen hinfällig würde. Auch auf die Unterstellung des Klageentwurfs, daß man etwa Seitens der Contrahenten an sogenannte präparatorische Verträge gedacht habe, kann bei Vertheidigung der fraglichen Contracte rückhaltslos verzichtet werden Man hat in der That nicht im Mindesten an solche präparatorische Verträge gedacht. Deshalb sind die zahlreichen, bis auf Stryck, Carpzow und Petermann zurückgreifenden Citate, aus welchen die Zulässigkeit präparatorischer Abmachungen über Consensualverträge widerlegt werden soll, durchaus entbehrlich.

Die Verstaatlichungsverträge mögen vom politischen Standpunkte aus der verschiedenartigsten Beurtheilung fähig sein; der gewichtige, in die politische Zukunft des Landes tief eingreifende Inhalt ihrer Dispositionen mag von den Einen für heilbringend, von den Anderen für ein großes Unglück erachtet werden. Nicht weniger verschiedenartig, vielleicht auch wechselnd, mögen sich ihnen gegenüber die materiellen Interessen der Einzelnen verhalten. Aber das Eine ist rückhaltlos zuzugestehen, daß diese Verträge mit ausgezeichneter Vorsicht, Sachkenntniß und Ueberlegung verfaßt sind, und einen processualischen Angriff, aus welchem Gesichtspunkte er immer unternommen würde, nicht zu fürchten haben. Und wenn der Klageentwurf ihnen zuletzt mit einem gewissen Pathos das «nolumus leges terrae mutare» entgegenruft, als ob sie wirklich Privatrechte vergewaltigen oder die Grenzen des civilen Rechts überschreiten wollten, wenn in dem Motto der Aufschrift sogar an das «suum quique» der Hohenzollern appellirt wird, so darf allen diesen Angriffen eine alte Rechtsregel entgegengehalten werden, die im römischen Urtext lautet: minus est, actionem habere quam rem, und in freier populärer Uebersetzung: Geklagt ist noch nicht gewonnen!

Druck von Kerskes & Hohmann in Berlin SW, Zimmerstr. 91.

FSC
www.fsc.org
MIX
Papier | Fördert gute Waldnutzung
FSC® C083411

Kolibri 360 GmbH
Ferdinand-Jühlke-Straße 7
99095 Erfurt, Deutschland
produktsicherheit@kolibri360.de